CANADIAN URDU LANGUAGE TEXTBOO

Urdu
for Children: Book One

(Junior and Senior Kindergarten and Grade One)

Part Two

Chief Editor & Project Director
Dr Sajida S. Alvi

Coordinators
Farhat Ahmad & Ashfaq Hussain

Writers
Humaira Ansari, Firdaus Beg, Rashida Mirza, Hamda Saifi

Illustrator
Rashida Yousuf

McGill-Queen's University Press
Montreal & Kingston • London • Ithaca

ISBN 0-7735-1621-2

Legal deposit second quarter 1997
Bibliothèque nationale du Québec

Printed in Canada on acid-free paper

Publication of this book has been made possible by funding
from the Department of Canadian Heritage, Multiculturalism
Programs.

McGill-Queen's University Press acknowledges the support
received for its publishing program from the Canada
Council's Block Grants program.

Canadian Cataloguing in Publication Data

Main entry under title:
Urdu for children: book one (Canadian Urdu language text-
book series) For junior and senior kindergarten and grade 1.
ISBN 0-7735-1620-4 (v. 1) –
ISBN 0-7735-1621-2 (v. 2)
1. Urdu language – Textbooks for second language learners
– English speakers – Juvenile literature.   I. Alvi, Sajida S.
(Sajida Sultana), 1941–   II. Series
PK1973.U74 1997   491.4′3982421   C97-900504-3

Layout and design: Shawn Graphics

CONTENTS

Preface
Acknowledgments
About This Book
Transliteration
Vocabulary English-Urdu
    Urdu-English

Theme: *Time*
 1. Subah Kā Waqt   Morning   Shafi' al-Dīn Nayyar 5
 2. Tāriq Kā Aik Din   A Day in Tariq's Life   Firdaus Beg 7
 3. Din   Days of the Week   Shafi' al-Dīn Nayyar 9

Theme: *Colours*
 4. Titlī   Butterfly   Khālid Bazmī 11
 5. Rang Barangē Bulbulē Colourful Bubbles   Rashida Mirza 13
 6. Rang   Colours   Anonymous 15

Theme: *Animals*
 7. Jungle Mēṇ Mushkil Problem in the Forest   Hamda Saifi 17
 8. Jugnū   Firefly   Farhat Ahmad 19
 9. Murghī Aur Chiṛyā The Hen and the Sparrow Shahlā Shiblī 22

Theme: *Seasons*
10. Āsmān Girā   The Sky Is Falling Down Humaira Ansari 24
11. Jāṛā   Winter   Ismā'īl Meraṭhi 26
12. Bahār Ā Ga'ī   Spring Is Here   Humaira Ansari 28
13. Garmī Ā'ī   Summer Is Here   Humaira Ansari 31

Contents

Theme: *Clothing*

14. Nīlī Sadrī   Blue Vest   Humaira Ansari   33
15. Tairākī Kā Pehlā Din   First Day of Swimming   Humaira Ansari   35
16. Sālāna Jalsa   Annual Function   Humaira Ansari   37

Theme: *Ecology*

17. Tīn Kā Dibba   A Tin Can   Rashida Mirza   40
18. Nilam, Pinky Aur Sonī   Nilam, Pinky and Soni   Farhat Ahmad   42

PREFACE

Urdu was introduced to Canadian students in a systematic fashion by Dr Muhammad 'Abd al-Rahman Barker, a McGill University professor, in 1967 when McGill-Queen's University Press published his pioneering textbook *A Course in Urdu* (3 volumes), which is still a standard in the field. Thirty years later, the same press is publishing *Urdu for Children: Book One*, another ground-breaking instructional resource material for teaching Urdu as a second or third language. The present work is the first of its kind in terms of the quality of its content, its sensitivity to the needs of children between the ages of 4–6 in the Canadian environment, and its eclectic combination of traditional and whole-language instructional methods. In addition to the two-volume textbook, the set includes a *Workbook* for learning the Urdu writing mechanics; a comprehensive *Teacher's Manual*; and two audio cassettes containing recordings of all forty stories/poems. The English-Urdu and Urdu-English vocabulary lists, alphabetized according to both Urdu (transliterated) and English and including the grammatical category of the word, will be helpful for parents who have some familiarity with the Urdu language.

Urdu for Children is also noteworthy in that it was sponsored and funded by the Government of Canada. It is a testament to the Department of Multiculturalism's commitment to producing quality instructional materials for Canadian children of Indo-Pakistani origin. This series also proves that while the English and French languages represent the linguistic duality of this nation, there is a place for other international languages, including Urdu, in the rich Canadian mosaic.

The development of proper instructional materials for the Urdu language shows the commitment of Canadians of Indo-Pakistani origin to sustaining their cultural heritage for future generations. There has been a rapid growth of the South Asian community in Canada. In the 1986 Census there were 266,800 Canadians of South Asian origin; by 1991 this number had risen to 420,295 – an increase of 57.5 percent. Factors such as the higher level of formal education of immigrants from South Asia and a predominantly middle- and upper middle-class socio-economic background have contributed to parents' desire to pass their cultural heritage on to their children.* We hope that *Urdu for Children: Book One* and the other volumes to come in the series will help meet the needs of the rapidly growing Urdu-speaking community in Canada and in the United States.

---

* Pamela M. White and Atul Nanda, "South Asians in Canada," *Canadian Social Trends* (Autumn 1989): 7–9.

Preface

This publication is the first step towards helping children develop Urdu linguistic skills so that they may later enjoy the poetry of master poets such as Ghalib (d. 1869) and Iqbal (d. 1938), or *qawwali* music. It is also a small step toward fulfilling the spirit of multiculturalism in Canada by developing pride in diverse cultural identities. It is intended to help children grow up with well-integrated personalities to become proud and productive members of Canadian society.

Sajida S. Alvi

ACKNOWLEDGMENTS

I was away from the Canadian scene for nine years while I taught at the University of Minnesota. Upon my return to McGill University in 1986 as the first appointee to the Chair in Urdu Language and Culture, Muin Muinuddin, a respected community leader and friend, mentioned to me that there was a great need for instructional materials for the Urdu language and that there was interest in developing such materials through the Canadian government's Heritage Languages Program under the auspices of the Department of Multiculturalism. Later Izhar Mirza, president of the National Federation of Pakistani Canadians, enthusiastically reinforced my interest in this area. Consequently in May 1990, with funding from the Department of Multiculturalism, we held a one-day conference at McGill, sponsored jointly by the Federation and the Institute of Islamic Studies. Its purpose was to assess the need to develop instructional materials in Urdu and to look for people to work on this project.

Since that time many institutions and individuals have worked on this project. Judy Young, erstwhile director of the Heritage Languages Programme in the Department of Multiculturalism, has remained an ardent supporter of the project. The Canadian government's generous grant through her department resulted in the inception and completion of the first phase of the project. The two other major partners in this venture are the North York Board of Education and the Institute of Islamic Studies at McGill University. The North York Board and those involved in the International Languages Programme supported the project's housing, administration and funding as well as hosting regular meetings of the writing team at the administration building. Among many individuals at the North York Board of Education, special thanks go to Carol Christie, Armando Cristinziano, Susan Deschamps, Lois Jempson, and Barbara Toye for their help and advice in the submission of progress reports, preparation of applications for funding, and careful preparation and implementation of the terms of various contracts signed by the project team members. Sandra Brown patiently typed several revisions of the Teacher's Manual and the Introduction.

For the smooth field testing of the materials our thanks are due to the following Boards: in Metropolitan Toronto, the East York Region Board, Etobicoke, North York and Peel Boards, and in Ottawa, the Carleton Board of Education. Special thanks to these members of the Steering Committee: Irene Blayney (Carleton Board), Dr. Marcel Danesi (University of Toronto), Armando Cristinziano and Barbara Toye (North York Board), Izhar Mirza (National Federation of Pakistani Canadians), and Joseph Pizzolante (Etobicoke Board).

Acknowledgments

On substantive matters, James Cummins, professor of education at the Ontario Institute for Studies in Education, and Marcel Danesi, professor of Italian studies, University of Toronto, made invaluable contributions. The team is especially appreciative of Professor Danesi's enthusiastic support of the project and specific suggestions on methodology. He helped the team prepare the first lesson plan which was used as a model.

Lastly, I must acknowledge the unwavering commitment of the writing team: Humaira Ansari, Firdaus Beg, Rashida Mirza, and Hamda Saifi. Their multiple roles did not deter them from putting in endless hours writing original stories and preparing creative lesson plans. Rashida Yousuf, while living in Houston, Texas, showed the same commitment to the project as her counterparts in Canada. Thanks to her for illustrating the stories and the flashcard vocabulary. Farhat Ahmad, the coordinator, was the anchor of the team. She ably coordinated various components of the project, maintained productivity in long meetings, wrote progress reports, and kept minutes of the meetings. The writing team is indebted to the late Dr Iqbal Ahmad (a scholar, literary critic and fiction writer) for providing help in writing creative stories. Anwar Saeed Ansari volunteered to handwrite the entire Urdu text for field testing. Our warm thanks are also due to Ashfaq Hussain, the second coordinator. He joined the team when the project was almost complete, but without his generous volunteer help in getting the Urdu text composed in Pakistan, preparing the camera-ready copy for the press, and giving us technical and substantive assistance, this project would have taken much longer to reach the printing stage. Special thanks to Afshan and Sohail Rana who infused life into the poems and stories comprising the text by adding sound and music through the production of the audio cassettes. This long list of individuals who shaped and helped produce this work would not be complete without a special mention of Faruq Hassan who volunteered to type, among other things, parts of the *Workbook*, and the Urdu words in vocabulary lists and to coordinate them with their English equivalents.

Enthusiastic thanks as well to the McGill-Queen's University Press and its staff for their interest in publishing this unusual work. Philip Cercone, the executive director, appreciated the significance of this project and convinced Ottawa to provide a subsidy for publication. Susanne McAdam, production and design manager, ably steered the course of production, and Joan McGilvray, coordinating editor, provided helpful suggestions on the format and content.

The editor gratefully acknowledges permission to reprint copyrighted material. The publishers' names are approximately in order of the amount of material.

Ferozesons (Pvt.) Ltd., Publishers, Booksellers, Printers, Lahore, Pakistan. The collections from which the material has been drawn: *Jhunjhunā, Bulbulē, Jhūlnē, Chal Mērē Ghorē, Suno Piyārē Bacho*. Urdu Academy Sind, Creative Publishers, Karachi, Pakistan. Magi Publications, Hayes, Middx, U.K., for "A Brother for Celia." Western Publishing Company, Inc., Racine, Wisconsin, USA, for "To Grandmother's House We Go First."

Sajida S. Alvi

ABOUT THIS BOOK

This course is based on the premises that:

1) Language instruction can be effective only if parents take an active role in their child's language acquisition process.

2) A rich language environment, where the child is exposed to a wide range of spoken and written Urdu, provides a solid foundation for language instruction in the classroom.

3) The interest parents show in Urdu in general, and in the language instruction of their child in particular, is important in motivating the child to learn.

Parents are urged to speak Urdu with the child as often as possible. The home environment provides an important opportunity for children to see that Urdu can be used to communicate.

The course is designed for three levels: Junior Kindergarten, Senior Kindergarten, and Grade 1. The student's placement in a level will be based on the child's facility with the language rather that his/her chronological age.

This textbook contains forty lessons built around the theme "All About Me." This theme was chosen because children at the Kindergarten and Grade 1 levels show the greatest enthusiasm for things that relate to their personal needs, such as toys, clothing, food, and their immediate environment, such as home and school.

Each lesson in the book has a literature section containing a story or poem accompanied by sample questions and an illustrated vocabulary. Each volume includes two lists of vocabulary words (English-Urdu and Urdu-English) that contain the Urdu word, an English transliteration of it, its grammatical category, and its English translation. The lists are arranged in either Urdu or English alphabetical order. These lists should be of great help to parents in assisting their children with their Urdu lessons. The audio cassettes containing all forty lessons are also an immensely useful resource for children and for parents who have some familiarity with the language.

The methodology used in the course is that of "Activity-Based Learning," similar to the methodology used in courses for teaching language arts in the public school system. Children are encouraged to acquire language by becoming involved in meaningful activities related to a

particular topic. For example, in the lesson on pets, children are asked to draw a picture of their favourite pet, and if possible, bring the pet to class to share with their classmates.

This structure provides the children with an opportunity to interpret a given topic through creative expression in both the visual arts and the communicative arts. At the Junior and Senior Kindergarten levels, the art created may be very simple. However, the child can take his/her creations home and parents' appreciation of this work provides an added incentive to continue the course.

This course assumes that children acquire literacy through exposure to written and oral language, through word recognition and recognition of the initial and final sounds in words, and through a grasp of the conventions of the written and oral language. Thus in this course, as in the teaching of English language in the public schools, learning to read and write Urdu does not begin with learning the alphabet. At an appropriate time in the course, however, the children will be taught the letter names of the Urdu alphabet.

During the course, parents' co-operation will be solicited in a variety of ways and a positive response is very important. Not only will the children be assigned homework that will require the parent's attention and help but the Urdu teacher often has very limited resources for material and support at his/her disposal. As well, and most importantly, a positive and encouraging attitude towards school activities provides encouragement and motivation for the child to learn.

Urdu is part of the South Asian Heritage; through the efforts of both teacher and parents children can learn the Urdu language and be proud of knowing it.

Farhat Ahmad

اُردو حروفِ تہجّی کے انگریزی میں متبادل

TRANSLITERATION SYSTEM OF THE URDU ALPHABET

الف	a	ز	z
ب	b	ژ	zh
بھ	bh	س	s
پ	p	ش	sh
پھ	ph	ص	s
ت	t	ض	z
تھ	th	ط	t
ٹ	ṭ	ظ	z
ٹھ	ṭh	ع	‘
ث	s	غ	gh
ج	j	ف	f
جھ	jh	ق	q
چ	ch	ک	k
چھ	ch	کھ	kh
ح	h	گ	g
خ	kh	گھ	gh
د	d	ل	l
دھ	dh	م	m
ڈ	ḍ	ں	ṇ
ڈھ	ḍh	ن	n
ذ	z	و	v or w
ر	r	ہ	h
ڑ	ṛ	ء	’
ڑھ	ṛh	ی	y

VOWELS AND DIPHTHONGS

ـَـ	a	و	o
ـُـ	u	ـَو	au
ـِـ	i	ـِی	ī
آ	ā	ـَی، ے	ai/ay/ey
ـُو	ū		

VOCABULARY
English – Urdu

Abbreviations

adj.	adjectives	adv.	adverb
p.f.	plural feminine	p.m.	plural masculine
s.f.	singular feminine	s.m.	singular masculine
v.t.	verb transitive		

ache	dard (s.m.)	درد
anger	ghussa (s.m.)	غصہ
apple	sēb (s.m.)	سیب
atmosphere	fazā (s.f.)	فضا
automobile	gāṛī (s.f.)	گاڑی
axe (small)	kulhaṛī (s.f.)	کلہاڑی
back	pīṭh (s.f.)	پیٹھ
backpack	basta (s.m.)	بَستہ
ball	gaiṇd (s.f.)	گیند
balloons	ghubārē (p.m.)	غُبارے
bananas	kēlē (p.m.)	کیلے
barbeque	barbeque (s.m.)	باربی کیو
basket	ṭokrī (s.f.)	ٹوکری
bat (baseball)	ballā (s.m.)	بَلّا
bathroom	ghusl-khāna (s.m.)	غُسل خانہ
bazar	bazar (s.m.)	بازار
bear	bhālū (s.m.)	بھالو.
bed	bistar (s.m.)	بِستر
beaver	beaver (s.m.)	بی ور
bell	ghanṭī (s.f.)	گھنٹی
bells	ghanṭiāṇ (p.f.)	گھنٹیاں
bench	bench (s.m.)	بینچ
bicycle	cycle (s.f.)	سائیکل
birds	pariṇdē (p.m.)	پرندے
black	siyāh (adj.)	سیاہ
blanket	kambal (s./p.m.)	کمبل
blouse	blouse (s.m.)	بلاؤز
blue	nīlā (adj.)	نیلا
books	kitābēṇ (p.f.)	کِتابیں
boot	boot (s.m.)	بوٹ
bottle	botal (s.f.)	بوتل
bowl	piyālā (s.m.)	پیالہ
branch	shākh (s.f.)	شاخ
bricks	īṇṭēṇ (p.f.)	اِینٹیں

brush	burash (s.m.)	بُرش
bubbles	bulbulē (p.m.)	بلبلے
bucket	bālṭī (s.f.)	بالٹی
burger	burger (s.m.)	برگر
burn	jalānā (v.t.)	جلانا
bus	bus (s.f.)	بس
butter	makkhan (s.m.)	مکھن
butterflies	titliyāṇ (p.f.)	تتلیاں
butterfly	titilī (s.f.)	تتلی
cabbage	baṇd gobhī (s.f.)	بند گوبھی
cabinet, closet	almārī (s.f.)	الماری
cage	piṇjra (s.m.)	پنجرہ
cake	cake (s./p.m.)	کیک
calf	bachrā (s.m.)	بچھڑا
candle	mom-battī (s.f.)	موم بتی
cantaloupe	kharbūza (s.m.)	خربوزہ
card	card (s./p.m.)	کارڈ
caretaker	nigarān (s./p.m./f.)	نگران
carrot	gājar (s.f.)	گاجر
cat	billī (s.f.)	بلّی
catch	pakaṛnā (v.t.)	پکڑنا
cauliflower	gobhī (s.f.)	گوبھی
cheeta	chītā (s.m.)	چیتا
chicken leg	murghī kī tang (s.f.)	مرغی کی ٹانگ
clothes	kapṛē (p.m.)	کپڑے
clouds	bādal (s./p.m.)	بادل
coat	coat (s./p.m.)	کوٹ
corn	maka'ī (s.f.)	مکئی
cornflakes (cereal)	cornflakes (p.m.)	کارن فلیک
courtyard	āṇgan (s.m.)	آنگن
cow	gā'ē (s.f.)	گائے
crane	crane (s.f.)	کرین
daughter	bēṭī (s.f.)	بیٹی
dirty	gaṇdā (adj.)	گندہ
dishes	bartan (s./p.m.)	برتن

ditch	gaṛhā (s.m.)	گڑھا
doctor	doctor (s./p.m./f.)	ڈاکٹر
doll	guṛiyā (s./p.f.)	گڑیا
door	darvāza (s.m.)	دروازہ
dove	fākhta (s./p.f.)	فاختہ
dress-gown for girls/women	pishvāz (s.f.)	پشواز
drops	qatrē (p.m.)	قطرے
drum	ḍholak (s.m.)	ڈھولک
duck	battakh (s.f.)	بطخ
ear	kān (s./p.m.)	کان
earth	zamīn (s.f.)	زمین
eggs	aṇḍē (p.m.)	انڈے
eight o'clock	aṭh bajē (adj.)	آٹھ بجے
elbow	kōhnī (s.f.)	کہنی
elephant	hāthī (s./p.m.)	ہاتھی
enclosure	janglā (s.m.)	جنگلا
eye	āṇkh (s.f.)	آنکھ
eyes	āṇkhēṇ (p.f.)	آنکھیں
face	chehrā (s.m.)	چہرہ، منہ
factory	kār-khāna (s.m.)	کارخانہ
father	abbū (s.m.)	ابّو
feet	payr (s/p.m.)	پیر
fire	āg (s.f.)	آگ
fire engine	āg bujhānē vālī gāṛī (s.f.)	آگ بجھانے والی گاڑی
fish	machlī (s.f.)	مچھلی
flag	jhanḍā (s.m.)	جھنڈا
flies	makkhiyāṇ (p.f.)	مکھیاں
flower	phūl (s./p.m.)	پھول
fodder	chārā (s.m.)	چارا
fountain	favvāra (s.m.)	فوّارہ
four o'clock	chār bajē (adj.)	چار بجے
Friday	Jum'a (s.m.)	جمعہ
frock, girls' dress	frock (s.f.)	فراک
fruit	phal (s./p.m.)	پھل
garbage	kūṛā (s.m.)	کوڑا

garbage-can	kuṛē kā ḍibba (s.m.)	کوڑے کا ڈبہ
garbage truck	kuṛē kā ṭruck (s.m.)	کوڑے کا ٹرک
garden	bāgh (s.m.)	باغ
gift	tohfa (s.m.)	تحفہ
girl	laṛkī (s.f.)	لڑکی
gloves	dastānē (p.m.)	دستانے
grandfather (maternal)	nānā (s.m.)	نانا
grandmother (maternal)	nānī (s.f.)	نانی
grapes	aṇgūr (s./p.m.)	انگور
grass	ghās (s.f.)	گھاس
green	sabz (adj.)	سبز
ground (see earth)		
hair	bāl (s/p.m.)	بال
hand	hāth (s./p.m.)	ہاتھ
happy	khush (adj.)	خوش
hat	ṭopī (s.f.)	ٹوپی
hen	murghī (s.f.)	مُرغی
hen-sparrow	chiṛiyā (s.f.)	چڑیا
hole	surākh (s.m.)	سوراخ
horse	ghoṛā (s.m.)	گھوڑا
hospital	haspatāl (s./p.m.)	ہسپتال
hot	garm (adj.)	گرم
house	ghar (s.m.)	گھر
ice cream	ice cream (s.f.)	آئس کریم
jelly	jelly (s.f.)	جیلی
jungle	jungle (s.m.)	جنگل
kitchen	bāvarchī-khāna (s.m.)	باورچی خانہ
kite	patang (s.f.)	پتنگ
knees	ghuṭnē (p.m.)	گھٹنے
land (see earth)		
leaf	patta (s.m.)	پتا، پتہ
letter	khatt (s.m.)	خط
lettuce	salād (s.f.)	سلاد
librarian	librarian (s./p.m/f.)	لائبریرین
lifesaving jacket	hifāzatī jacket (s.f.)	حفاظتی جیکٹ

lion	shēr (s.m.)	شیر
loaf of bread	dabal roṭī (s.f.)	ڈبل روٹی
mango	ām (s.m.)	آم
maple	maple tree (s.m.)	میپل
market	bazar (s.m.)	بازار
meat	gōsht (s.m.)	گوشت
medicine	davā (s.f.)	دوا
milk	dūdh (s.m.)	دُودھ
mirror	ā'īna (s.m.)	آئینہ
Monday	pīr (s.m.)	پیر
monkey	baṇdar (s.m.)	بندر
moon	chāṇd (s.m.)	چاند
mother	ammī (s.f.)	امّی
moustache	mūṇchaiṇ (p.f.)	مونچھیں
mouth, face	muṇh (s.m.)	مُنہ، چہرہ
nest	ghonslā (s.m.)	گھونسلہ
night	rāt (s.f.)	رات
nine o'clock	nau bajē (adj.)	نو بجے
nose	nāk (s.f.)	ناک
orange	nāraṇgī (s.f.)	نارنگی
orange colour	nāraṇjī (adj.)	نارنجی
overcoat, traditional	shērvānī (s.f.)	شیروانی
owl	ullū (s.m.)	اُلّو
paper	kāghaz (s./p.m.)	کاغذ
parrot	totā (s.m.)	طوطا
peanut butter	peanut butter (s.m.)	پی نٹ بٹر
peas	maṭar (s./p.m.)	مٹر
peel	c̲h̲ilkā (s.m.)	چھلکا
picnic table	picnic kī mēz (s.f.)	پکنک کی میز
pipe	pipe (s.m.)	پائپ
place for religious festival	'īd-gāh (s.m.)	عید گاہ
porridge	daliya (s.m.)	دلیہ
potato	ālū (s.m.)	آلو
prayer	namāz (s.f.)	نماز
principal	principal (s./p.m./f.)	پرنسپل

purple	jāmnī (adj.)	جامنی
pyjamas, tight	taṇg pājāma (s.m.)	تنگ پاجامہ
rabbit	khargōsh (s.m.)	خرگوش
rainbow	dhanak (s.f.)	دھنک
red	lāl (adj.)	لال
religious festival	‘īd (s.f.)	عید
rice	chāval (s./p.m.)	چاول
ring to sound	bājāña (v.t.)	بجانا
river	daryā (s.m.)	دریا
rod	daṇdā (s.m.)	ڈنڈا
roof	c̲hat (s.f.)	چھت
room	kamra (s.m.)	کمرہ
sad	ranjīda (adj.)	رنجیدہ
salad	salād (s.f.)	سلاد
Saturday	hafta (s.m.)	ہفتہ
scarf	muffler (s./p.m.)	مفلر
scarf, long for girls/women	dopaṭṭa (s.m.)	دوپٹہ
school	iskūl (s.m.)	اسکول
seat	nishast (s.f.)	نشست
seed	bīj (s.m.)	بیج
secretary	secreṭary (s./p.f./m.)	سیکریٹری
shirt, traditional	kurtā (s.m.)	کرتا
sing	gānā (v.t.)	گانا
siren	siren (s.m.)	سائرن
six o’clock	chēh bajē (adj.)	چھ بجے
slide	phisal-bandā (s.m.)	پھسل بنڈا
smell	sūṇghnā (v.t.)	سُونگھنا
snow	baraf (s.f.)	برف
snowman	baraf kā ādmī (s.m.)	برف کا آدمی
soap	sāban (s.m.)	صابن
socks	mozē (p.m.)	موزے
soft	narm (adj.)	نرم
son	bēṭā (s.m.)	بیٹا
song	gāna (s.m.)	گانا
spinach	pālak (s.f.)	پالک

squirrel	gilahrī (s.f.)	گلہری
stars	tārē (p.m.)	تارے
stairs	siṛhiyān (p.f.)	سیڑھیاں
sticks	lakṛiyāṇ (p.f.)	ڈنڈے
stone	patthar (s./p.m.)	پتھر
strawberry	strawberry (s.f.)	اسٹرابیری
string	rassī (s.f.)	رسّی
sun	sūraj (s.m.)	سورج
Sunday	itvār (s.m.)	اِتوار
sunglasses	dhūp kī 'aynak (s.f.)	دُھوپ کی عینک
swan	rāj-haṇs (s.m.)	راج ہنس
sweater	sweater (s.m.)	سویٹر
sweetmeat	halvā (s.m.)	حلوہ
swimming suit	tairākī kā libās (s.m.)	تیراکی کالباس
swing	jhūlā (s.m.)	جھولا
taste	chakhnā (v.t.)	چکھنا
teacher	ustād (s./p.m./f.)	اُستاد
teacher	ustānī (s.f.)	اُستانی
ten o'clock	das bajē (adj.)	دس بجے
tent	khaima (s.m.)	خیمہ
three o'clock	tīn bajē (adj.)	تین بجے
throw	pheṇknā (v.t.)	پھینکنا
Thursday	jum'e-rāt (s.f.)	جمعرات
time	waqt (s.m.)	وقت
tin can	ṭīn kā ḍibba (s.m.)	ٹین کا ڈبہ
tomato	ṭimāṭar (s./p.m.)	ٹماٹر
towel	tauliya (s.m.)	تولیہ
toys	khelaunē (s./p.m.)	کھلونے
tractor	ṭracṭor (s.m.)	ٹریکٹر
tree	darakht (s.m.)	درخت
trousers, baggy	shalvār (s.f.)	شلوار
truck	ṭruck (s.m.)	ٹرک
Tuesday	maṇgal (s.m.)	منگل
turban	sāfa (s.m.)	صافہ
turtle	kachu'ā (s.m.)	کچھوا

twelve o'clock	bāra bajē (adj.)	بارہ بجے
two o'clock	do bajē (adj.)	دو بجے
umbrella	c̱hatrī (s.f.)	چھتری
vermicelli	sivayyāṇ (p.f.)	سوّیاں
vest	sadrī (s.f.)	صدری
wake someone up	jagānā (v.t.)	جگانا
wall	dīvār (s.f.)	دیوار
warm clothes	garm kapṛē (p.m.)	گرم کپڑے
wash	dhonā (v.t.)	دھونا
watermelon	tarbūz (s.m.)	تربوز
Wednesday	budh (s.m.)	بُدھ
week	hafta (s.m.)	ہفتہ
wheat	gēhūṇ (s.m.)	گیہوں
wheel	pahiya (s.m.)	پہیہ
window	k͟hiṛkī (s.f.)	کھڑکی
wolf	bheṛiyā (s.m.)	بھیڑیا
world	dunyā (s.f.)	دُنیا
yellow	pīlā (adj.)	پیلا
yogurt	dahī (s.m.)	دہی

VOCABULARY
Urdu – English

Abbreviations

adj.	adjectives	adv.	adverb
p.f.	plural feminine	p.m.	plural masculine
s.f.	singular feminine	s.m.	singular masculine
v.t.	verb transitive		

آ

āṭh bajē (adj.)	eight o'clock	آٹھ بجے
āg (s.f.)	fire	آگ
āg bujhānē vālī gāṛī (s.f.)	fire engine	آگ بجھانے والی گاڑی
ālū (s.m.)	potato	آلو
ām (s.m.)	mango	آم
āṇkh (s.f.)	eye	آنکھ
āṇkhēṇ (p.f.)	eyes	آنکھیں
āṇgan (s.m.)	courtyard	آنگن
ice cream (s.f.)	ice cream	آئس کریم
ā'ina (s.m.)	mirror	آئینہ

الف

abbū (s.m.)	father	ابّو
itvār (s.m.)	Sunday	اِتوار
ustād (s.m./f.)	teacher	اُستاد
ustānī (s.f.)	teacher	اُستانی
strawberry (s.f.)	strawberry	اسٹرابیری
iskūl (s.m.)	school	اسکول
almārī (s.f.)	cabinet, closet	الماری
ullū (s.m.)	owl	اُلّو
ammī (s.f.)	mother	امّی
aṇḍē (p.m.)	eggs	انڈے
angūr (s./p.m.)	grapes	انگور
īṇṭēṇ (p.f.)	bricks	اِینٹیں

ب

bādal (s./p.m.)	clouds	بادل
barbecue (s.m.)	barbecue	باربی کیو
bāra bajē (adj.)	twelve o'clock	بارہ بجے
bazar (s.m.)	bazar	بازار
bāgh (s.m.)	garden	باغ
bāl (s./p.m.)	hair	بال
bālṭī (s.f.)	bucket	بالٹی
bāvarchī-khāna (s.m.)	kitchen	باورچی خانہ

bajānā (v.t.)	ring to sound	بجانا
bachṛā (s.m.)	calf	بچھڑا
budh (s.m.)	Wednesday	بدھ
bartan (s./p.m.)	dishes	برتن
burash (s.m.)	brush	برش
baraf (s.f.)	snow	برف
baraf kā ādmī (s.m.)	snowman	برف کا آدمی
burger (s.m.)	burger	برگر
bus (s.f.)	bus	بس
bistar (s.m.)	bed	بستر
basta (s.m.)	backpack	بستہ
battakh (s.f.)	duck	بطخ
ballā (s.m.)	bat (baseball)	بلّا
blouse (s.m.)	blouse	بلاؤز
bulbulē (p.m.)	bubbles	بلبلے
billī (s.f.)	cat	بلّی
baṇdar (s.m.)	monkey	بندر
baṇd gobhī (s.f.)	cabbage	بند گوبھی
botal (s.f.)	bottle	بوتل
booṭ (s.m.)	boots	بوٹ
bhālū (s.m.)	bear	بھالو
bheṛiyā (s.m.)	wolf	بھیڑیا
bēṭā (s.m.)	son	بیٹا
bēṭī (s.f.)	daughter	بیٹی
bīj (s.m.)	seed	بیج
bench (s.m.)	bench	بینچ
beaver (s.m.)	beaver	بی ور

پ

pālak (s.f.)	spinach	پالک
pipe (s.m.)	pipe	پائپ
patang (s.f.)	kite	پتنگ
patta (s.m.)	leaf	پتا، پتہ
patthar (s./p.m.)	stone	پتھر
pariṇdē (p.m.)	birds	پرندے

principal (s./p.m./f.)	principal	پرنسپل
pishvāz (s.f.)	dress-gown for girls/women	پشواز
pakaṛnā (v.t.)	catch	پکڑنا
picnic kī mēz (s.f.)	picnic table	پکنک کی میز
pinjra (s.m.)	cage	پنجرہ
pahiya (s.m.)	wheel	پہیہ
phisal-bandā (s.m.)	slide	پھسل بنڈا
phal (s./p.m.)	fruit	پھل
phūl (s./p.m.)	flower	پھول
pheṇknā (v.t.)	throw	پھینکنا
pīṭh (s.f.)	back	پیٹھ
piyāla (s.m.)	bowl	پیالہ
pīr (s.m.)	Monday	پیر
pīlā (adj.)	yellow	پیلا
peanut butter (s.m.)	peanut butter	پی نٹ بٹر
payr (s./p.m.)	feet	پیَر

ت

tārē (p.m.)	stars	تارے
titlī (s.f.)	butterfly	تتلی
titliyāṇ (p.f.)	butterflies	تتلیاں
tohfa (s.m.)	gift	تحفہ
tarbūz (s.m.)	watermelon	تربوز
tang pājāma (s.m.)	pyjamas, tight	تنگ پاجامہ
tauliya (s.m.)	towel	تولیہ
tairākī kā libās (s.m.)	swimming suit	تیراکی کا لباس
tīn bajē (adj.)	three o'clock	تین بجے

ٹ

ṭruck (s.m.)	truck	ٹرک
ṭracṭor (s.m.)	tractor	ٹریکٹر
ṭimāṭar (s.m.)	tomato	ٹماٹر
ṭopī (s.f.)	hat	ٹوپی
ṭokrī (s.f.)	basket	ٹوکری
ṭīn kā dibba (s.m.)	tin can	ٹین کا ڈبہ

ج

jāmnī (adj.)	purple	جامنی
jagānā (v.t.)	wake someone up	جگانا
jalānā (v.t.)	burn	جلانا
jum‘e-rāt (s.f.)	Thursday	جمعرات
jum‘a (s.m.)	Friday	جمعہ
jungle (s.m.)	jungle	جنگل
junglā (s.m.)	enclosure	جنگلا
jhanḍā (s.m.)	flag	جھنڈا
jhūlā (s.m.)	swing	جھولا
jelly (s.f.)	jelly	جیلی

چ

chāra (s.m.)	fodder	چارا
chār bajē (adj.)	four o’clock	چار بجے
chāṇd (s.m.)	moon	چاند
chāval (s./p.m.)	rice	چاول
chiṛiyā (s.f.)	hen-sparrow	چڑیا
chakhnā (v.t.)	taste	چکھنا
chehra (s.m.)	face	چہرہ
che bajē (adj.)	six o’clock	چھ بجے
chat (s.f.)	roof	چھت
chatrī (s.f.)	umbrella	چھتری
chilkā (s.m.)	peel	چھلکا

ح

hifāzatī jacket (s.f.)	lifesaving jacket	حفاظتی جیکٹ
halvā (s.m.)	sweetmeat	حلوہ

خ

kharbūza (s.m.)	cantaloupe	خربوزہ
khargōsh (s.m.)	rabbit	خرگوش
khatt (s.m.)	letter	خط
khush (adj.)	happy	خوش

khaima (s.m.)	tent	خیمہ
	د	
darakht (s.m.)	tree	درخت
dard (s.m.)	ache	درد
darvāza (s.m.)	door	دروازہ
daryā (s.m.)	river	دریا
das bajē (adj.)	ten o'clock	دس بجے
dastānē (p.m.)	gloves	دستانے
daliya (s.m.)	porridge	دلیہ
davā (s.f.)	medicine	دوا
do bajē (adj.)	two o'clock	دو بجے
dopaṭṭa (s.m.)	long scarf for girls/women	دوپٹہ
dūdh (s.m.)	milk	دودھ
dunyā (s.f.)	world	دنیا
dahī (s.m.)	yogurt	دہی
dhup kī'aynak (s.f.)	sunglasses	دھوپ کی عینک
dhonā (v.t.)	wash	دھونا
dhanak (s.f.)	rainbow	دھنک
dīvār (s.f.)	wall	دیوار
	ڈ	
ḍoctor (s./p.m./f.)	doctor	ڈاکٹر
ḍaṇḍā (s.m.)	rod	ڈنڈا
ḍabal roṭī (s.f.)	loaf of bread	ڈبل روٹی
ḍholak (s.m.)	drum	ڈھولک
	ر	
rāt (s.f.)	night	رات
rāj-hans (s.m.)	swan	راج ہنس
rassī (s.f.)	string	رسی
ranjīda (adj.)	sad	رنجیدہ
	ز	
zamīn (s.f.)	earth, land, ground	زمین

س

cycle (s.f.)	bicycle	سائیکل
siren (s.m.)	siren	سائرن
sabz (adj.)	green	سبز
salād (s.f.)	lettuce	سلاد
surākh (s.m.)	hole	سوراخ
sūraj (s.m.)	sun	سُورج
sūṇghnā (v.t.)	smell	سُونگھنا
sivayyāṇ (p.f.)	vermicelli	سویّاں
sweater (s.m.)	sweater	سویٹر
siyāh (adj.)	black	سیاہ
sēb (s.m.)	apple	سیب
secreṭary (s./p.m./f.)	secretary	سیکریٹری
sīṛhiyān (p.f.)	stairs	سیڑھیاں

ش

shākh (s.f.)	branch	شاخ
shalvār (s.f.)	baggy trousers	شلوار
shēr (s.m.)	lion	شیر
shērvānī (s.f.)	traditional overcoat	شیروانی

ص

sāban (s.m.)	soap	صابن
sāfa (s.m.)	turban	صافہ
sadrī (s.f.)	vest	صدری

ط

totā (s.m.)	parrot	طوطا

ع

‘īd (s.f.)	religious festival	عید
‘īd-gāh (s.m.)	place for rel. fest.	عید گاہ

غ

ghubārē (p.m.)	balloons	غُبارے
ghusl-khāna (s.m.)	bathroom	غُسل خانہ
ghussa (s.m.)	anger	غُصّہ

ف

fākhta (s./p.f.)	dove	فاختہ
frock (s.f.)	girls' dress	فراک
fazā (s.f.)	atmosphere	فضا
favvāra (s.m.)	fountain	فوّارہ

ق

qatrē (p.m.)	drops	قطرے

ک

kār-khāna (s.m.)	factory	کارخانہ
card (s./p.m.)	card	کارڈ
cornflakes (p.m.)	cornflakes (cereal)	کارن فلیکس
kāghaz (s./p.m.)	paper	کاغذ
kān (s./p.m.)	ear	کان
kapṛē (p.m.)	clothes	کپڑے
kitābēṇ (p.f.)	books	کِتابیں
kachu'ā (s.m.)	turtle	کچھوا
kurtā (s.m.)	traditional shirt	کُرتا
crane (s.f.)	crane	کرین
kulhāṛī (s.f.)	axe (small)	کلہاڑی
kambal (s./p.m.)	blanket	کمبل
kamra (s.m.)	room	کمرہ
coat (s./p.m.)	coat	کوٹ
kūṛā (s.m.)	garbage	کوڑا
kūṛē kā ṭruck (s.m.)	garbage truck	کوڑے کا ٹرک
kuṛē kā ḍibba (s.m.)	garbage can	کوڑے کا ڈبہ
kōhnī (s.f.)	elbow	کہنی
khiṛkī (s.f.)	window	کھڑکی
khelaunē (s./p.m.)	toys	کھلونے
cake (s./p.m.)	cake	کیک

kēlē (s./p.m.)	bananas	کیلے

گ

gājar (s.f.)	carrot	گاجر
gāṛī (s.f.)	automobile	گاڑی
gānā (s.m./v.t.)	song; to sing	گانا
gā'ē (s.f.)	cow	گائے
ghuṭnē (p.m.)	knees	گھٹنے
garm (adj.)	hot, warm	گرم
garm kapṛē (p.m.)	warm clothes	گرم کپڑے
gaṛhā (s.m.)	ditch	گڑھا
guṛiyā (s./p.f.)	doll	گڑیا
gilahrī (s.f.)	squirrel	گلہری
ganda (adj.)	dirty	گندہ
gobhī (s.f.)	cauliflower	گوبھی
gōsht (s.m.)	meat	گوشت
ghās (s.f.)	grass	گھاس
ghar (s.m.)	house	گھر
ghanṭī (s.f.)	bell	گھنٹی
ghanṭiāṇ (p.f.)	bells	گھنٹیاں
ghoṛā (s.m.)	horse	گھوڑا
ghoṇslā (s.m.)	nest	گھونسلا
gaiṇd (s.f.)	ball	گیند
gēhūn (s.m.)	wheat	گیہوں

ل

lāl (adj.)	red	لال
librarian (s./p.m./f.)	librarian	لائبریرین
laṛkī (s.f.)	girl	لڑکی
lakṛiyān (p.f.)	sticks	لکڑیاں

م

maṭar (s./p.m.)	peas	مٹر
machlī (s.f.)	fish	مچھلی
murghī (s.f.)	hen	مرغی

murghī kī ṭāṇg (s.f.)	chicken leg	مُرغی کی ٹانگ
muffler (s./p.m.)	scarf	مفلر
makk̲h̲an (s.m.)	butter	مکھن
makk̲h̲iyān (p.f.)	flies	مکھیاں
maka'ī (s.f.)	corn	مکئی
maṇgal (s.m.)	Tuesday	منگل
muṇh (s.m.)	mouth, face	منہ
mozē (p.m.)	socks	موزے
mom-battī (s.f.)	candle	موم بتی
mūṇchaiṇ (p.f.)	mustache	مونچھیں
maple (s.m.)	maple tree	میپل

ن

nāraṇjī (adj.)	orange colour	نارنجی
nāraṇgī (s.f.)	orange	نارنگی
nāk (s.f.)	nose	ناک
nānā (s.m.)	maternal grandfather	نانا
nanī (s.m.)	maternal grandmother	نانی
narm (adj.)	soft	نرم
nishast (s.f.)	seat	نشست
nigarān (s./p.m./f.)	caretaker	نگران
namāz (s.f.)	prayer	نماز
nau bajē (adj.)	nine o'clock	نو بجے
nīlā (adj.)	blue	نیلا

و

waqt (s.m.)	time	وقت

ہ

hāth (s./p.m.)	hand	ہاتھ
hāthī (s./p.m.)	elephant	ہاتھی
haspatāl (s./p.m.)	hospital	ہسپتال
hafta (s.m.)	Saturday, week	ہفتہ

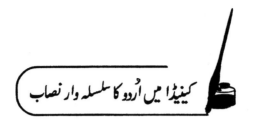

کینیڈا میں اُردو کا سلسلہ وار نصاب

بچّوں کے لیے اُردو کی پہلی کتاب

(دوسرا حصّہ)

مدیرِ اعلیٰ

ڈاکٹر ساجدہ علوی

معاونین

فرحت احمد - اشفاق حسین

مجلسِ مصنّفین

حمیرہ انصاری - فردوس بیگ - رشیدہ مرزا - حامدہ سیفی

تزئین کار : راشدہ یوسف

فہرست مضامین

صفہ	مصنّف	عنوان

موضوع : وقت

صفہ	مصنّف	عنوان
5	شفیع الدین نیر	صبح کا وقت
7	فردوس بیگ	طارق کا ایک دن
9	شفیع الدین نیر	دن

موضوع : رنگ

صفہ	مصنّف	عنوان
11	خالد بزمی	تتلی
13	رشیدہ مرزا	رنگ برنگے ببلے
15	نامعلوم	رنگ

موضوع : جانور

صفہ	مصنّف	عنوان
17	حامدہ سینی	جنگل میں مشکل
19	فرحت احمد	جگنو
22	شہلا شبلی	مرغی اور چڑیا

موضوع : موسم

صفہ	مصنّف	عنوان
24	حمیرہ انصاری	آسمان گرا
26	اسماعیل میرٹھی	جاڑا
28	حمیرہ انصاری	بہار آ گئی
31	حمیرہ انصاری	گرمی آئی

صفحہ	مصنّف	عنوان

موضوع : لباس

صفحہ	مصنّف	عنوان
33	حمیرہ انصاری	نیلی صدری
35	حمیرہ انصاری	تیرا کی کا پہلا دن
37	حمیرہ انصاری	سالانہ جلسہ

موضوع : ماحول کا تحفظ

صفحہ	مصنّف	عنوان
40	رشیدہ مرزا	ٹین کا ڈبہ
42	فرحت احمد	نیلم، پنکی اور سونی

v	ساجدہ علوی (انگریزی)	دیباچہ
ix	فرحت احمد (انگریزی)	اس کتاب کے بارے میں

xi		اردو حروفِ تہجّی کے انگریزی میں متبادل
xiii		الفاظ کی فہرست (انگریزی-اردو)
xxii		الفاظ کی فہرست (اردو-انگریزی)

صبح کا وقت

اُٹھو بیٹا، آنکھیں کھولو
بِستر چھوڑو اور مُنہ دھولو
اِتنا سونا، ٹھیک نہیں ہے
وقت کا کھونا، ٹھیک نہیں ہے

سورج نِکلا، تارے بھاگے
دنیا والے سارے جاگے
پھول کِھلے خوش رنگ رنگیلے
سُرخ سفید اور نیلے پیلے

تم بھی اُٹھ کے باہر جاؤ
ایسے وقت کا لُطف اُٹھاؤ

سوالات

۱- آپ صبح کے وقت کیا کرتے ہیں؟

۲- آپ دوپہر کو کیا کرتے ہیں؟

۳- رات کو سب لوگ کیا کرتے ہیں؟

۴- صبح جلدی اٹھنے کے کیا فائدے ہیں؟

۵- بچّوں کے لئے رات کو سونا کیوں ضروری ہے؟

قواعد: فعل امر

اُٹھو۔ کھولو۔ چھوڑو۔ جاؤ۔ اُٹھاؤ۔ دھولو۔

سُورج

تارے

رات

دُنیا

بستر

وقت

6

طارِق کا ایک دن

ندیم تو بارہ بجے گھر آگیا تھا لیکن اس کا بڑا بھائی طارِق چار بجے اسکول سے گھر پہنچا۔ آتے ہی بستہ پھینک کر سیدھا باورچی خانے میں گیا اور فرج کھولا۔ ندیم بھی بھائی کی آواز سن کر وہاں آیا۔ امّی پاس ہی کھڑی تھیں۔ بولیں "اتنی جلدی کیا ہے؟ ابھی تو آپ نے ہاتھ بھی نہیں دھوئے۔"

"امّی! میرا بھوک سے بُرا حال ہے۔" طارِق نے جواب دیا۔

امّی نے پوچھا۔ "کیوں آج کیا بات ہے۔"

"امّی۔ کچھ نہ پوچھیئے۔ آج کا دن تو بہت ہی عجیب گزرا۔" طارِق نے کہا۔ "آپ تو ندیم کو لے کر چلی گئیں اور میری دوبارہ آنکھ لگ گئی۔ میں جلدی میں ناشتہ بھی پورا نہ کرسکا۔ جب میں بھاگم بھاگ بس اسٹاپ پر پہنچا تو آٹھ بجے کی

بس نِکل چکی تھی۔ جب اِسکول پہنچا تو کلاس شروع ہو چکی تھی۔"

امّی بولیں۔ "ارے یہ تو بہت بُرا ہوا۔"

"امّی ابھی تو اور سنیئے۔ دس بجے میری ورزش کی کلاس ہوئی تو میرے پیٹ میں چُوہے دوڑ رہے تھے۔ مجھ سے ٹھیک سے دوڑا بھی نہیں گیا۔ گیارہ بجے انگریزی کی کلاس شروع ہوئی۔ بارہ بجے دوپہر کے کھانے کی گھنٹی بجی تو میں نے جلدی سے اپنا کھانے کا ڈبّہ کھولا اور دیکھا کہ اس میں کھانا نہیں ہے۔ میں آج جلدی میں فِرج سے سینڈوچ نکالنا بھی بھول گیا تھا۔"

سوالات

۱۔ آپ کا اِسکول کتنے بجے شروع ہوتا ہے؟

۲۔ آپ صبح کِس وقت سو کر اٹھتے ہیں؟

۳۔ آپ اِسکول سے کِس وقت واپس آتے ہیں؟

۴۔ آپ رات کا کھانا کتنے بجے کھاتے ہیں؟

۵۔ آپ کِس وقت سوتے ہیں؟

قواعد: ماضی بعید

آگیا تھا۔ کھڑی تھیں۔ چلی گئی تھیں۔ نِکل چکی تھیں۔ بھُول گیا تھا۔

دو بجے

تین بجے

چار بجے

چھ بجے

دِن

پِیر کے دن میں جلدی جاگا
بستہ لیا اِسکول کو بھاگا

منگل کے دِن جنگل دیکھا
اس جنگل میں دَنگل دیکھا

بُدھ کے دِن جب دِل میں آئی
میں نے کھائی خوب مِٹھائی

جمعرات کو دیکھا بندر
مُنہ تھا جس کا لال چقندر

جمعہ کو میں نے کیک بنایا
پھر ہم سب نے مِل کر کھایا
ہفتے کے دن دیکھا میلا
ہاکی کھیلی، کرکٹ کھیلا
پھر اِتوار کو چھُٹّی آئی
چھُٹّی میں نے خوب منائی

سوالات

۱۔ پیر کے دن بچّے نے کیا کیا؟

۲۔ منگل کے دن کیا ہوا؟

۳۔ بُدھ کے دن کیا کام کیا؟

۴۔ آپ ہفتے اور اتوار کو کیا کرتے ہیں؟

۵۔ ایک ہفتے میں کِتنے دن ہوتے ہیں؟

قواعد: اسم (دنوں کے نام)

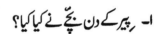

پیر۔ منگل۔ بدھ۔ جمعرات۔ جمعہ۔ ہفتہ۔ اِتوار۔

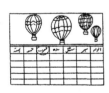

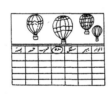

پیر

منگل

بُدھ

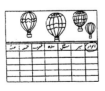

جمعرات

جمعہ

ہفتہ

اِتوار

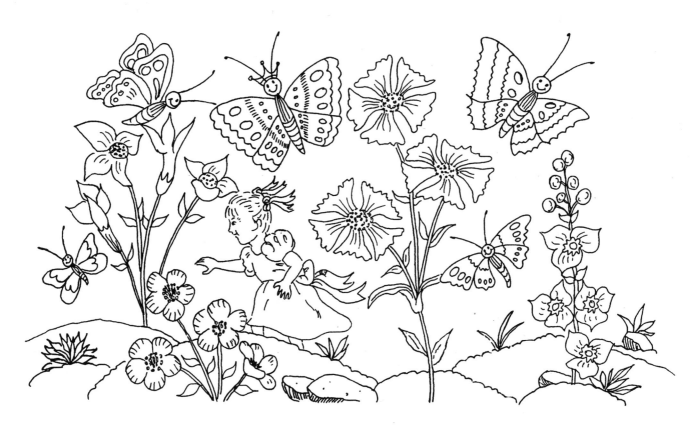

تِتلی

جب بھی باغ میں آئے تِتلی

دل میں خوش ہو جائے تِتلی

گُلشن کی شہزادی ہے وہ

گُلشن میں لہرائے تِتلی

رنگ برنگی پیاری پیاری

سب کے دل کو بھائے تِتلی

کوئی اسے پکڑنا چاہے

ایسے میں گھبرائے تِتلی

11

جیسے گُل مُرجھا جاتا ہے
چُھونے سے مُرجھائے تتلی
اِس کو پکڑنا ظُلم ہے بزمی
یہ کیسے سمجھائے تِتلی

سوالات

۱۔ تِتلی کہاں نظر آتی ہے؟

۲۔ تِتلی پُھولوں پر کیوں بیٹھتی ہے؟

۳۔ تِتلی کو کیوں نہیں چُھونا چاہیے

۴۔ آپ نے کِن کِن رنگوں کی تِتلیاں باغ میں دیکھی ہیں؟

قواعد: فعل مضارع

آئے۔ جائے۔ لہرائے۔ بھائے۔ کھائے۔ گھبرائے۔

تِتلی

گل

پکڑنا

گلشن

رنگ برنگے بُلبُلے

بہار کی ایک خوش گوار صبح تھی اور چھٹّی کا دن۔ سیما اور خالد کے ابّا اور امّی نے بچّوں کو چڑیا گھر لے جانے کا پروگرام بنایا۔ سِیما اور خالد خوشی خوشی جلدی سے تیار ہو گئے۔

جب وہ لوگ چڑیا گھر پُہنچے تو موسم بے اِنتہا خوش گوار تھا۔ رنگ برنگے پھُول ہر طرف نظر آ رہے تھے۔ لال، نِیلے، پِیلے، کاسنی، نارنجی اور سفید پھول ہرے ہرے پتّوں میں بے حد خُوش نُما لگ رہے تھے۔ پھُولوں اور جانوروں کو دیکھتے ہوئے سیما، خالد، امّی اور اَبّا ہاتھی کے جنگلے کی طرف چلے۔ دیکھتے کیا ہیں کہ ایک آدمی ہاتھی کے کٹھرے کی دیوار کو ایک لمبے سے بُرش سے دھو رہا ہے۔ وہ اپنا بُرش ایک صابن مِلے پانی سے بھری ہوئی بالٹی میں ڈالتا ہے اور پھر اُس سے دیواروں کو دھوتا ہے۔ ہاتھی میاں بھی وہیں ٹہل رہے ہیں۔ سِیما ہاتھی کو بڑی

دِلچسپی سے دیکھنے لگی۔

ہاتھی بڑے مزے سے جھُومتا ہوا بالٹی کی طرف بڑھا اور دیکھتے ہی دیکھتے اس نے اپنی لمبی سُونڈ بالٹی میں ڈال دی۔ پھر اپنی سُونڈ کو اُوپر اُٹھا کر اس سے فوّارے کی طرح پانی نکالنے لگا۔ پانی کے ساتھ، ہاتھی کی سُونڈ سے بے حساب بُلبُلے نکلنے لگے اور ہر طرف پھیلنے لگے۔ کچھ بُلبُلے ہوا میں اُوپر کی طرف اُڑنے لگے اور ایک سیما کے سر پر آ گیا۔

اب سیما بُلبُلوں کو دیکھنے لگی۔ سیما کو ایسا لگا جیسے بُلبُلوں نے اپنے سبز، سرخ، سُنہری، نیلے اور پیلے رنگوں سے آسمان پر دَھنک سی بنا دی اور وہ سوچنے لگی کہ اگر میں بُلبُلے میں بیٹھ جاؤں تو آسمان پر جا کر دَھنک کو چھُو سکتی ہوں۔

اَبّا نے اچانک سیما کے قریب آ کر، کیمرے سے اس کی تصویر کھینچ لی۔ کیمرے کی کھٹک سے سیما چونک سی گئی۔ انہوں نے پوچھا "کیوں بیٹی سیما تم کِس خیال میں کھوئی ہوئی تھیں؟"

بالٹی

بُرش

بُلبُلے

دَھنک

سوالات

۱۔ سیما اور خالد کے والدین انہیں چڑیا گھر کب لے گئے؟

۲۔ کیا آپ کبھی چڑیا گھر گئے ہیں؟

۳۔ ہاتھی نے بالٹی کے پانی سے کیا کیا؟

۴۔ سیما نے بُلبُلوں کو دیکھ کر کیا سوچا؟

۵۔ سیما کے اَبّا نے تصویر کھینچنے کے بعد کیا پوچھا؟

قواعد: فعل امر

دیکھو۔ بتاؤ۔ نکالو۔ رکھو۔ بناؤ۔ جاؤ

14

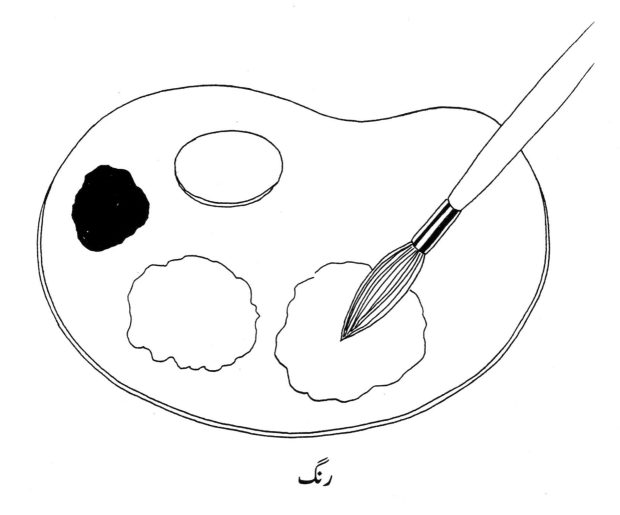

رنگ

رنگ ہیں اصلی تین عزیزو

نیلا، پیلا، لال سمجھ لو

باقی ان میں ملانے سے

رنگ بنیں کیسے دیکھو

لال میں پیلا رنگ ملایا

نارنگی تب رنگ بنایا

نیلے میں پیلے کو ڈالا

ہرا ہرا تب رنگ نکالا

15

لال میں نیلا رنگ ملے گا
جامنی تب اِک رنگ بنے گا
سُرخ ہیں سیب اور سُرخ ٹماٹر
پیلا لیمو، زرد ہے موٹر
سبز ہیں پتّے سبز ہے طوطا
اور سیاہ، سیانا کوّا

سوالات

۱۔ اس نظم میں کون کون سے رنگوں کے نام ہیں؟

۲۔ اس کمرے میں کون سی چیزیں لال ہیں؟

۳۔ اس کمرے میں کون کون سی چیزیں پیلی ہیں؟

۴۔ اس کمرے کی کِن کِن چیزوں کا رنگ نیلا ہے؟

قواعد: اسم صفت

لال۔ پیلا۔ ہرا۔ جامنی۔ نارنگی۔ سُرخ۔ زرد۔ سبز۔ سیاہ۔ سفید۔

جنگل میں مُشکل

جنگل کے جانور بہت پریشان تھے۔ جس نہر اور تالاب سے سب پانی پینے جاتے تھے اس کا پانی کم ہوتا جارہا تھا۔ ایسا لگتا تھا کہ وہ بس چند روز میں خُشک ہوجائے گا۔ خرگوش، ہِرن، شیر، ہاتھی، اُلّو اور چِڑیاں سبھی کو فکر تھی کہ یہ پانی کیوں خُشک ہوتا جارہا ہے اور اگر واقعی سُوکھ گیا تو ہم سب کی پیاس کیسے بجھے گی۔ ایک دن تمام جانور ایک جگہ جمع ہوئے کہ اس مُشکل کا حل ڈھونڈیں۔

کوّا بولا "میں اُڑ کر دیکھتا ہوں کہ نہر میں پانی کہاں سے آتا ہے؟"

سب راضی ہوگئے کہ کوّا جاکر پتہ لگاکر آئے۔ کوّا جب واپس آیا تو اس کے ساتھ بی وَر (beaver) بھی تھا۔ سب کو معلوم تھا کہ بی وَر جنگل کے دوسرے حصّے

میں رہتا ہے۔ کوّے نے بتایا کہ بی وَر نے تھوڑی دُور جنگل کی لکڑیاں کاٹ کاٹ کر نہر پر ایک بند باندھ رکھا ہے۔ جس کی وجہ سے پانی کم ہوتے ہوتے ختم ہو رہا ہے۔

بی وَر نے سب جانوروں سے معافی مانگی اور بولا کہ "مجھے یہ معلوم ہی نہیں تھا کہ میرے بَند باندھنے سے آپ سب کو اس قدر پریشانی ہوگی۔ میں ابھی جا کر بَند توڑ دیتا ہوں" یہ بات سن کر سب جانوروں نے اطمینان کا سانس لیا۔

سوالات

۱۔ جنگل کے جانور کیوں پریشان تھے؟

۲۔ کوّے نے کیا کہا؟

۳۔ تالاب میں پانی کم کیوں ہو رہا تھا؟

۴۔ بی وَر نے کیا کیا؟

۵۔ بی وَر نے کیوں معافی مانگی؟

قواعد: ماضی مطلق

گیا۔ بولا۔ باندھا۔ لیا۔ کہا۔ کیا۔

شیر

بندر

بی وَر

فاختہ

چیتا

اُلّو

بھالو

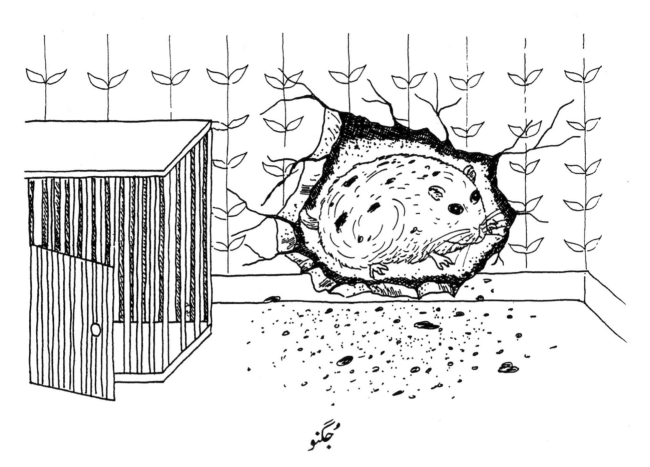

مُجگنو

سارہ نے ایک ہیمس ٹر (hamster) پالا۔ اس کی آنکھیں جگنو کی طرح چمکتی تھیں اس لئے اُس کا نام مُجگنو رکھا۔ سارہ مُجگنو کا بہت خیال رکھتی۔ روز اُسے کھانا پانی دیتی اور اُس کا پِنجرہ صاف رکھتی اور اُس سے باتیں بھی کرتی تھی۔ جب سارہ مُجگنو سے باتیں کرتی تو وہ سارہ کو غور سے دیکھتا اور اپنی مونچھیں ہلاتا۔ ایسا لگتا کہ وہ سارہ کی باتوں کا جواب دے رہا ہو۔

ایک دن سارہ نے سوچا کہ بے چارہ مُجگنو ہر وقت پِنجرے میں بند رہتا ہے کیوں نہ اُسے اپنے کمرے میں چھوڑ دوں اور کمرے کا دروازہ بند کر دوں۔ اِس طرح وہ آزادی سے گھوم سکے گا۔ مُجگنو باہر نکلتے ہی اِدھر اُدھر دوڑنے لگا۔ پہلے تو اُس نے سارہ کے پورے کمرے کا جائزہ لیا۔ پھر اُس کونے میں پہنچا جہاں سارہ کے کھلونے رکھے تھے۔ اُس کو سارہ کی گڑیا کا گھر بہت پسند آیا۔ جھٹ اُس میں

گھُس کر کھڑکی سے جھانکنے لگا۔

اب سارہ روزانہ مُجگنو کو تھوڑی دیر کے لئے باہر چھوڑ دیتی۔ چھُٹتے ہی وہ سیدھا کھلونوں کی طرف جاتا۔ کبھی بھالو کے سر پر چڑھ جاتا اور کبھی اس کی پیٹھ پر بیٹھ جاتا۔

ایک دن جب سارہ کمرے میں آئی تو مُجگنو دکھائی نہیں دیا۔ سارہ نے ادھر اُدھر ڈھونڈا اور جب الماری کھولی تو مُجگنو میاں سارہ کے جوتے میں بیٹھے ہوئے تھے۔ سارہ نے کہا۔ "مُجگنو تم اِدھر اُدھر مت جایا کرو۔ اگر کہیں کھو گئے تو کیا ہوگا؟"

ایک دن ایسا ہی ہوا۔ سارہ جب کمرے میں آئی تو مُجگنو صاحب غائب تھے۔ سارہ اور سب گھر والوں نے پورا گھر چھان مارا۔ مگر مُجگنو کا کہیں نام و نشان نہ تھا۔ سارہ کو مُجگنو کے کھو جانے کا بے حد رنج ہوا۔ اس نے ٹھیک سے کھانا بھی نہیں کھایا اور جب سونے گئی تو اس کو ٹھیک سے نیند بھی نہیں آئی۔ وہ لیٹی ہوئی مُجگنو کے بارے میں سوچ رہی تھی کہ یکایک دیوار کے اندر سے آواز آنے لگی۔ سارہ ڈر گئی اور دوڑ کر امیّ ابّا کے کمرے میں گئی اور انہیں جگایا۔ امیّ اور ابّا جب سارہ کے کمرے میں آئے تو کُریدنے کی آواز جاری تھی۔ ان کی سمجھ میں کچھ نہ آیا کہ یہ کیسی آواز ہے۔ اُنھوں نے سوچا کہ یہ دیوار توڑ کر ہی معلوم ہو سکتا ہے کہ اندر کیا چیز ہے۔ ابّا اپنے اوزار لے آئے اور اُنھوں نے جہاں سے آواز آرہی تھی وہاں دیوار پر ایک بڑا سا سوراخ کیا۔ کیا دیکھتے ہیں کہ مُجگنو میاں دیوار کے اندر بیٹھے ہیں۔ ان کا جسم مٹّی سے بھرا ہوا ہے مگر ان کی آنکھیں چمک رہی ہیں۔ سارہ نے خوش ہو کر مُجگنو کو اٹھالیا اور ابّا سے پوچھا۔

"اِبّا! جگنو دیوار کے اندر کیسے گُھس گیا؟"

اِبّا نے کہا"شاید تمہارے کمرے کی دیوار میں کہیں سوراخ ہے۔"

سارہ جگنو سے بولی۔ "جگنو میرا خیال ہے کہ تم اب پنجرے ہی میں رہا کرو۔ باہر نکلنا تمہارے لئے بہت خطرناک ہے۔" جگنو سارہ کو تکتا رہا اور اپنی مُونچھیں ہلاتا رہا؛ جیسے کہہ رہا ہو۔ "سارہ تم ٹھیک ہی کہہ رہی ہو۔"

سوالات

۱۔ سارہ نے کون سا پالتو جانور پالا؟

۲۔ جگنو کہاں کھو گیا تھا؟

۳۔ جگنو کو سارہ کے کون سے کھلونے پسند تھے؟

۵۔ آپ جانور کی دیکھ بھال کس طرح کر سکتے ہیں؟

قواعد: حروفِ جار

اندر۔ باہر۔ اوپر۔ نیچے۔ اِدھر۔ اُدھر۔

 الماری

 سوراخ

پنجرا

آنکھیں

 مُونچھیں

 کھلونے

 پیٹھ

مُرغی اور چڑیا

ایک تھی مُرغی، ایک تھی چڑیا

لال تھی مُرغی، نیلی چڑیا

چڑیا کی آواز سُریلی

نِنّھا سا مُنہ گردن پیلی

مُرغی دن بھر گانا گاتی

چڑیا اس سے تنگ آجاتی

ایک دن چڑیا بولی یُوں

بی مُرغی سے چُوں چُوں چُوں

22

اَنڈے، وَنڈے لایا کر
گانا تو مَت گایا کر

مُرغی کو غُصّہ جو آیا
جل کر بولی کُڑ کُڑ کُڑ

چِڑیا ہَنس دی چُر چُر چُر
اُڑ گئی پِھر وہ پھُر پھُر پھُر

سوالات

۱۔ چِڑیا مُرغی سے کیوں تنگ آجاتی تھی؟

۲۔ چِڑیا نے مُرغی کو کیا لانے کے لئے کہا تھا؟

۳۔ کون کون سے پرندے اُڑنے والے ہوتے ہیں؟

۴۔ کون سے پرندے زیادہ تر زمین پر رہتے ہیں؟

قواعد: فعل ماضی

بولی۔ لایا۔ آیا۔ اُٹھ گئی۔ تھی۔

مُرغی

انڈے

گانا

چِڑیا

آسمان گرا

ایک چُوزہ دانہ چُگتے چُگتے ایک درخت کے نیچے چلا آیا۔ زور کی ہَوا چلی اور کچھ پتّے چوزے کے سَر پر گِرے۔ چُوزہ گھبرا کر گھر کی طرف دوڑا۔ راستے میں ایک بِلّی ملی۔

بِلّی نے کہا۔ ”کہاں بھاگے جا رہے ہو؟“

چُوزے نے کہا۔ ”شاید آسمان گِرنے والا ہے۔ ابھی کچھ ٹکڑے میرے سَر پر گِرے ہیں۔“

بِلّی نے پُوچھا۔ ”میں بھی چلوں۔“

چُوزہ بولا۔ ”چل بھئی چل، تو بھی چل۔“

تھوڑی دُور گئے تھے کہ ایک کُتّا مِلا۔ کُتّے نے پُوچھا۔ ”تم دونوں کہاں بھاگے جا رہے ہو؟“

چوزہ بولا۔ "آسمان گِرنے والا ہے۔"

"کُتّے نے کہا۔ میں بھی چلوں۔"

چوزہ بولا۔ "چل بھئ چل، تو بھی چل۔"

راستے میں ایک گائے، بکری اور بہت سے جانور ملے۔ یہ قافلہ آگے بڑھا ہی تھا کہ پھر ہَوا چلی اور بہت سارے لال، پیلے اور نارنجی پتّے ان کے سَروں پر آکر گِرے۔ اب تو سب کو یقین ہو گیا کہ ضرور کوئی مصیبت آنے والی ہے۔ سب نے تیزی سے بھاگنا شروع کر دیا۔

پیپل کے درخت کے نیچے ایک گلہری بیج اور میوہ جمع کر رہی تھی۔ اس نے جو یہ قافلہ دیکھا تو پوچھا کہ "بھئ کیا بات ہے۔ کیوں دوڑے جا رہے ہو؟"

چوزے نے کہا۔ "تم بھی ہمارے ساتھ چلو۔ آسمان گر رہا ہے۔"

گلہری مسکرائی اور نہایت اطمینان سے لال، پیلے اور نارنجی پتّوں میں بیج چھپانے لگی۔ پھر کچھ اور پتّے درخت سے گرے اور چوزے نے شور مچایا۔

"جلدی چلو، پھر آسمان کے ٹکڑے گر رہے ہیں۔"

گلہری بولی۔ "بھئ یہ آسمان کے ٹکڑے نہیں ہیں۔ یہ درختوں کے پتّے ہیں۔ یہ ہمیں خزاں کے آنے کی خبردے رہے ہیں۔"

سوالات

۱۔ اُن درختوں کا رنگ کیسا ہے؟

۲۔ پتّوں کا رنگ لال کیوں ہے؟

۳۔ کینیڈا کے جھنڈے پر کس پتّے کی تصویر ہے؟

قواعد: اسمِ عام

پتّے۔ چوزہ۔ آسمان۔ بکری۔ گلہری۔ بلّی۔ درخت۔ کُتّا۔

گلہری

درخت

پرندے

شاخ

جاڑا

جاڑا   دُھوم   مچاتا   آیا
کپڑے   گرم   پہناتا   آیا

کیسی   ہوا   ہے   فَر فَر فَر فَر
کانپتے   ہیں   سب   تَھر تَھر تَھر تَھر

چُھپ   جاتا   ہے   سُورج   جلدی
لگتی   ہے   اس   کو   بھی   سَردی

ہا ہا ہا ہا، ہِی ہِی ہِی ہِی
ہُو ہُو ہُو ہُو، سِی سِی سِی سِی

ہائے رِی سَردی ہائے رِی سَردی
سارے بَدَن میں بَرف سِی بَھردی

سوالات

۱- آج موسم کیسا ہے؟

۲- آپ کو کون سا موسم پسند ہے؟

۳- آپ سردیوں میں کون سا کھیل کھیلتے ہیں؟

۴- جب برف گرتی ہے تو زمین کا رنگ کیسا ہوتا ہے؟

۵- آپ جاڑے میں کیا پہنتے ہیں؟

قواعد: فعل حال

جاتا ہے۔ مچاتا ہے۔ کانپتے ہیں۔ لگتی ہے۔

برف

برف کا آدمی

بادل

گرم کپڑے

27

بہار آگئی

ماجد اِسکول سے بھاگا بھاگا آیا اور آتے ہی امّی سے کہنے لگا۔ ”امّی! امّی! میری کلاس پتنگ اُڑانے پارک میں جائے گی۔“ پاس ہی چار برس کی ثمینہ کھڑی تھی۔ فوراً بولی۔ ”امّی میں بھی پتنگ اُڑاؤں گی۔“

امّی نے ماجد سے پُوچھا۔ ”اچھا بتاؤ۔ کب جا رہی ہے، تمہاری کلاس پتنگ اُڑانے۔“

”ابھی نہیں امّی، ہم بہار میں جائیں گے۔“ ماجد نے جواب دیا۔

ثمینہ نے فوراً پوچھا ”امّی بہار کیا ہوتی ہے۔“

امّی نے جواب دیا۔ ”بہار ایک موسم کا نام ہے اور وہ سَردی کے بعد آتی ہے۔“

”امّی بہار کے موسم میں کیا ہوتا ہے؟“ ثمینہ نے سوال کیا۔

اس سے پہلے کہ امّی کچھ بولتیں ماجد نے بتانا شروع کردیا۔ ''میری اُستانی کہتی ہیں کہ بہار میں ہم اسکول میں پودے لگائیں گے اور جانوروں کے بچّے پیدا ہوں گے۔ امّی! پھر میں نے اپنی اُستانی کو بتایا کہ ہمارے باغ میں چڑیا نے ایک گھونسلہ بنایا ہے اور میں نے اس کے انڈے بھی دیکھے ہیں۔''

امّی نے ماجد کو سمجھایا۔ ''تم انڈوں کو مت چھُونا ورنہ چڑیا ٹھونگ مارے گی۔''

ثمینہ پھر بولی۔ ''امّی! میں بھی اپنے اُستاد کو بتاؤں گی کہ ہماری چڑیا نے انڈے دیئے ہیں۔''

اتنے میں ابّا آ گئے اور سب نے ہاتھ دھوئے اور کھانا کھانے لگے۔ کھانے پر بھی ثمینہ برابر بہار کے موسم کی باتیں کرتی رہی۔ امّی نے ثمینہ سے کہا۔ ''اب تم تھک گئی ہو۔ دانت صاف کرو۔ کپڑے بدلو اور جاکر سو جاؤ۔''

ثمینہ بولی۔ ''امّی مجھے آج آپ بہار کی کہانی سنایئے۔''

امّی نے کہا۔ ''اچھا ضرور! تم چل کر لیٹو' میں برتن دھوکر آتی ہوں۔''

ثمینہ بستر پر لیٹی اور امّی کا انتظار کرتے کرتے سو گئی۔ اچانک چڑیوں کی چُوں چُوں کی آوازیں آنے لگیں وہ اُٹھی اور چُپکے سے دروازہ کھول کر باہر نکلی تو کیا دیکھتی ہے کہ ہر طرف پھُول کھِلے ہوئے ہیں۔ تِتلیاں اُڑتی پھر رہی ہیں اور ان کے باغ کے بیچ میں جو حَوض ہے اس میں بطخیں تیر رہی ہیں۔ ماجد بھی اپنے دستوں کے ساتھ پتنگ اُڑا رہا ہے۔ ثمینہ نے بھی ایک پتنگ اُڑانی شروع کردی۔ اس کی پتنگ درخت میں اٹک گئی۔ ثمینہ پتنگ نکالنے کے لئے درخت پر چڑھی۔ اچانک اس کی نظر چڑیا کے گھونسلے پر پڑی۔ ثمینہ نے ایک

زور کی چیخ ماری اور دھڑام سے درخت کے نیچے آپڑی۔

امّی اس کے بستر کے پاس کھڑی پُوچھ رہی تھیں۔ "ثمینہ بیٹی کیا ہوا؟ کیوں رو رہی ہو؟"

ثمینہ روتے ہوئے بولی۔ "امّی! چڑیا نے میری آنکھ میں ٹھونگ ماری ہے۔ امّی! چڑیا بہت خراب ہے۔"

ثمینہ نے آنکھیں کھولیں تو دیکھا کہ وہ اپنے کمرے میں اپنے بستر پر لیٹی ہوئی تھی اور خواب دیکھ رہی تھی۔ وہ کھسیانی ہو کر بولی۔ "امّی! اب میں کہانی نہیں سنوں گی۔ اب تو مجھے نِیند آرہی ہے۔"

سوالات

۱۔ بہار کا موسم کب آتا ہے؟

۲۔ بہار کے موسم میں آپ کیسے کپڑے پہنتے ہیں؟

۳۔ بہار میں آپ کون سے کھیل کھیلنا پسند کرتے ہیں؟

۴۔ ماجد کی کلاس پارک میں کس لئے جارہی تھی؟

۵۔ ثمینہ نے خواب میں کیا دیکھا؟

قواعد: فعل مستقبل مطلق

اُڑاؤں گی۔ جائیں گے۔ جائے گی۔ لگائیں گے۔ بتاؤں گی۔

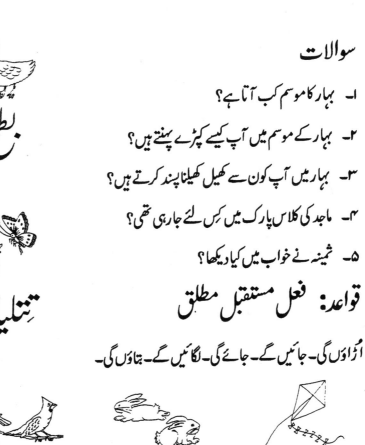

بطخ

پھول

تِتلیاں

درخت

پتنگ

خرگوش

چڑیاں

گھونسلہ

گرمی آئی

شُکر خدا کا گرمی آئی
ٹھنڈک پِیچھے چھوڑ کے آئی
دُھوپ اور بارش دونوں لائی
پیارا پیارا موسم لائی
شُکر خُدا کا گرمی آئی

چُوں چُوں کرتی چڑیا آئی
کُو کُو کرتی کوئل آئی
پُھول کِھلے ہیں رَستے رَستے
بند کرو اب بَستے وَستے
شُکر خُدا کا گرمی آئی

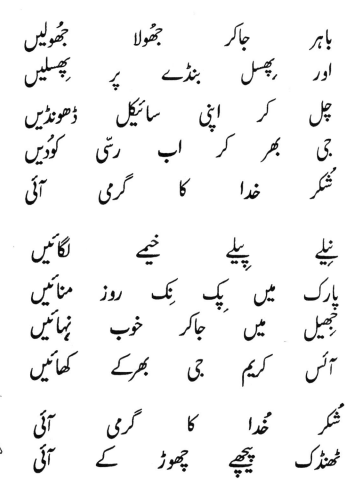

خیمہ

باہر جاکر جھولا جھولیں
اور پھسل بنڈے پر پھسلیں
چل کر اپنی سائیکل ڈھونڈیں
جی بھر کر اب رسّی کودیں
شکر خدا کا گرمی آئی

چھتری

نیلے پیلے خیمے لگائیں
پارک میں پک نک روز منائیں
جھیل میں جاکر خوب نہائیں
آئس کریم جی بھر کے کھائیں

سائیکل

شکر خدا کا گرمی آئی
ٹھنڈک پیچھے چھوڑ کے آئی

پھسل بنڈا

آئس کریم

سوالات

۱۔ گرمیوں میں کیا کرتے ہیں؟

۲۔ گرمیوں کا موسم کس مہینے سے شروع ہوتا ہے؟

۳۔ کیا آپ گرمیوں کے موسم میں اسکول جاتے ہیں؟

۴۔ آپ نہانے اور تیرنے کے لئے کہاں جاتے ہیں؟

جھولا

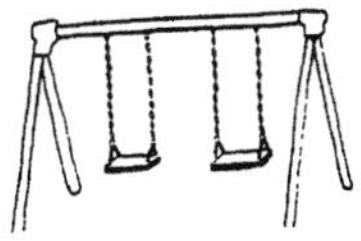

قواعد: فعل مضارع

جھولیں۔ پھسلیں۔ ڈھونڈیں۔ کودیں۔ لگائیں۔ منائیں۔ نہائیں۔ کھائیں۔

پکنک کی میز

نیلی صدری

دیکھو ماہ ستمبر آیا
ہلکی ہلکی ٹھنڈک لایا

بھالو کوٹ پہن کے آیا
ہاتھی ٹوپا اوڑھ کے بھاگا

سارس نے بھی موزے پہنے
اور چِڑیا نے جُوتے پہنے

مور نے پِیلا مَفلر باندھا
چِیتا بُوٹ چَڑھا کر دوڑا

بندر نے بھی کوٹ منگایا

خوش ہوکر پھر ڈھول بجایا

میں نے پہنی نیلی صدری

لگنے لگی تھی مجھ کو سردی

سوالات

۱۔ آج بارش کا کوٹ یا سردی کا کوٹ پہن کر کون کون آیا تھا؟

۲۔ اس تھیلے میں کیا ہے؟

۳۔ کیا اس میں کاغذ کی چیزیں ہیں؟

۴۔ کیا اس میں کھلونے ہیں؟

۵۔ اس میں کس قسم کی چیزیں ہیں؟ نرم یا سخت؟

قواعد: فعل ماضی مطلق

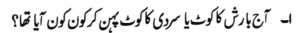

آیا۔ لایا۔ بھاگا۔ آئی۔ دوڑا۔ دوڑی۔ بجایا۔ دیکھا۔ منگایا۔

سوئیٹر

صدری

کوٹ

برساتی

مفلر

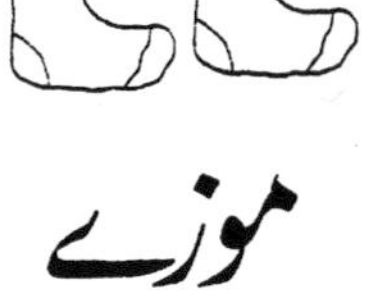

موزے

دستانے

34

تیراکی کا پہلا دن

کل تیراکی کا پہلا دن ہے اور میں تیرنا سیکھوں گی۔ یہ بات حِنا نے سونے سے پہلے سب کو بتائی۔ صُبح سویرے میں امّی کے ساتھ محلے کے سویمنگ پُول (swimming pool) میں تیرنے کے لئے جاؤں گی۔ حِنا نے اپنی آپا کے کان میں کہا کہ اس کو تو پانی سے بہت ڈر لگتا ہے۔ پھر چُپکے سے بھیّا کو بتایا کہ وہ تو نہاتے وقت بھی اپنی آنکھیں بند کر لیتی ہے۔ بھیّا جلدی سے اس کے بستر پر آگیا اور اس نے حِنا کو تسلّی دی کہ گھبرانے کی کوئی بات نہیں ہے۔ مانو بِلّی نے بھی یہ بات سُن لی اور اُچک کر حِنا کے پیروں کو اپنے سَر سے سہلانے لگی۔

صُبح جب حِنا کی آنکھ کھلی تو اس نے دیکھا کہ اُس کے تیرنے کا تھیلا تیّار

ہے۔ اس میں زرد رنگ کا سویم سُوٹ (swimsuit) پھُولدار تولیہ اور صابن دانی میں صابن بھی ہے۔ تیرنے کی ٹوپی بھی زرد رنگ کی ہے۔

تھیلے کو ایک طرف رکھ کر حِنا تیّار ہونے لگی۔ اس نے نِیلی پتلون اور سفید بلاؤز پہنا، تھیلا اُٹھایا اور نیچے جانے لگی۔ آگے بڑھی تو دیکھا کہ آپا سُرخ تیراکی کا لباس لئے اس کے پیچھے پیچھے آرہی ہیں۔ ذرا آگے بڑھی تو دیکھا کہ بھیّا، نِیلے رنگ کا نیکر اور نِیلی ہی بشرٹ پہنے تیّار کھڑا ہے۔ اس کے ایک ہاتھ میں حفاظتی جیکٹ ہے اور دوسرے ہاتھ میں دُھوپ کی عینک۔

حِنا پہلی سیڑھی اُتری تو دیکھا کہ ابّو کاندھے پر تولیہ لٹکائے تیّار کھڑے ہیں جیسے کہہ رہے ہوں۔ ”حِنا! ڈرو مت، ہم سب تمہارے ساتھ تیریں گے۔“

سوالات

۱۔ حِنا تیرنے کے لئے کہاں جائے گی؟

۲۔ حِنا نہاتے وقت اپنی آنکھیں کیوں بند کر لیتی تھی؟

۳۔ حِنا کے تھیلے میں کیا کیا چیزیں تھیں؟

۴۔ بھیّا نے کیا پہنا ہوا تھا؟

۵۔ حِنا کی پتلون کا رنگ کیسا تھا؟

قواعد: صفت

نِیلا۔ سفید۔ سُرخ۔ گول گول۔ پھُولدار۔

دُھوپ کا چشمہ

حفاظتی جیکٹ

فراک

تولیہ

بلاؤز

تیراکی کا لباس

سالانہ جلسہ

آج عطیہؔ کے اِسکول میں بڑی چہل پہل ہے۔ بچّے خُوش خُوش اِدھر اُدھر دوڑتے پھر رہے ہیں۔ آج اِسکول کا آخری دن ہے اور سالانہ جلسہ بھی۔ ہر جماعت کے بچے تیّاری میں مصروف ہیں۔ عطیہؔ کی جماعت کے لڑکے اور لڑکیاں مختلف ملکوں کے لباس پیش کریں گے۔ بری جیٹ (Brigitte) اور ڈے وِڈ (David) ہالینڈ کے کپڑے پہن کر آئے ہیں اور لکڑی کے جُوتے پہنے کھَٹ کھَٹ کرتے پھر رہے ہیں۔

عطیہؔ نے سب بچّوں کو بتایا کہ اس کے پاس بھی بالکل ویسے ہی جوتے ہیں جو اس کے ابّا اس کے لئے ہالینڈ سے لائے تھے۔ نینا (Nina) اور ٹونی (Tony) نے

یوکرین (Ukraine) کے کپڑے پہنے ہیں۔ عطیّہ نے بھی گلابی ستاروں والا غرارہ اور قمیض پہنی۔ دوپٹہ بھی ستاروں سے بھرا ہوا ہے۔ تمام لڑکیاں بار بار عطیّہ کے دوپٹے کو چُھو کر دیکھ رہی ہیں اور سوال پر سوال کیے جارہی ہیں۔ اِس لئے کہ اُنھوں نے اس سے پہلے اس قدر چمکدار کپڑے کبھی نہیں دیکھے تھے۔ عطیّہ خوشی خوشی ان کو بتارہی ہے کہ اس کے پاس اس سے بھی زیادہ چمکدار کپڑے ہیں۔ اس کی پِشواز اور چُوڑی دار پاجامہ جو اس کی نانی امّاں نے پاکستان سے بھیجا ہے۔ ویسا تو اِس دُنیا میں کسی اور کے پاس نہیں ہو سکتا۔ عطیّہ سب کی نظروں کا مرکز بن کر بہت خوش ہے۔ وہ لڑکیوں کے ساتھ باتوں میں مگن تھی کہ اتنے میں اس کی سہیلی نے پوچھا۔

"عطیّہ پاکستان میں لڑکے کیسا لباس پہنتے ہیں۔"

"ناصر آج پاکستانی لباس پہنے گا۔" عطیّہ نے جواب دیا۔ "جب وہ آجائے گا تو تم سب دیکھ لینا۔"

پھر اُسے فکر ہوگئی کہ ناصر اب تک کیوں نہیں آیا۔ اس لئے اسٹیج (stage) پر وہی عطیّہ کے ساتھ جائے گا۔ وہ سب بھُول بھال کر دوڑی دوڑی اُستانی کے پاس گئی اور ان سے پُوچھنے لگی کہ ناصر اب تک کیوں نہیں آیا۔ اس سے پہلے کہ اس کی اُستانی جواب دیتیں ناصر آتا ہوا دکھائی دیا۔

جب ناصر قریب آیا تو عطیّہ نے دیکھا وہ نیلی شیروانی اور سفید شلوار پہنے ہوئے ہے اور سَر پر ناصر نے صافہ بھی باندھ رکھا ہے۔ ناصر کو پاکستانی لباس میں دیکھ کر عطیّہ بہت خوش ہوئی۔

سوالات

۱۔ عطیہ کے اسکول میں کیا ہو رہا تھا؟

۲۔ بری جیٹ اور ڈیوڈ نے کس ملک کے کپڑے پہنے تھے؟

۳۔ لکڑی کے جوتے کس نے پہن رکھے تھے؟

۴۔ یوکرین کے لباس میں کون آیا تھا؟

۵۔ عطیہ اور ناصر نے کس طرح کے کپڑے پہنے تھے۔ ان کی تفصیل بتاؤ۔

قواعد: فعل حال جاریہ

پھر رہے ہیں۔ پوچھ رہی ہیں۔ دیکھ رہی ہیں۔ جا رہی ہیں۔ بتا رہی ہے۔

شیروانی

پشواز

صافہ

شلوار

تنگ پاجامہ

دوپٹّہ

کُرتا

ٹین کا ڈبّہ

ایک دن میں اپنے گھر کے قریب ہی ایک چھوٹے سے باغ میں کھیل رہا تھا۔ کھیلتے کھیلتے مجھے پیاس لگی۔ میں پانی پینے کے فوارّے کے قریب جا رہا تھا کہ اچانک ایک آواز آئی۔ ”مجھے یہاں سے اُٹھا کر کُوڑے کے ڈِبّے میں ڈال دو۔“

میں نے غور سے دیکھا تو معلوم ہوا کہ پانی کے فوارّے کے پاس پڑا ہوا ایک چھوٹا سا ٹین کا ڈبّہ مجھے بُلا رہا ہے۔ میں نے کہا۔ ”اچھا ہوا تم نے مجھے پُکار لیا۔ میں نے تو دیکھا ہی نہیں تھا کہ تم زمین پر پڑے ہوئے ہو۔ یہ تو تمہاری جگہ نہیں۔“

ڈِبّے نے کہا۔ ”ہاں ایک لاپَرواہ شخص نے مجھے یہاں پھینک دیا ہے۔ میں بڑی دیر سے یہاں اکیلا پڑا ہوں۔ میرا دل گھبرا رہا ہے۔ میرے سب ساتھی کُوڑے کے ڈِبّے میں ہیں۔“

میں نے اس سے پوچھا۔ ''اچھا، تم یہ بتاؤ کہ اس کوڑے کے ڈِبّے سے نِکل کر تم کہاں جاؤ گے؟''

ٹِین کے ڈبّے نے جواب دیا۔ ''مجھے پہلے کُوڑے کے ساتھ ایسی جگہ لے جائیں گے جہاں سب کُوڑا الگ الگ کیا جاتا ہے۔ میں بہت سارے ٹِین کے ڈِبّوں کے ساتھ رکھا جاؤں گا۔ وہاں سے ہمیں ایسی جگہ لے جائیں گے جہاں ہم بڑی بڑی مشینوں کے ذریعے طرح طرح کے نئے چمکدار ڈِبّوں میں تبدیل ہو جائیں گے۔ جب ہم نئے ڈِبّے بن جائیں گے تو مختلف کمپنیاں ہمیں خرید لیں گی۔ پھر اپنا اپنا لیبل لگا کر کھانے پینے کی چیزیں بھر کر ہمیں بازار بھیج دیں گی۔''

میں نے کہا ''مجھے یہ بات سن کر بہت خوشی ہوئی کہ تمہیں دوبارہ استعمال کیا جائے گا۔'' یہ کہہ کر میں اُٹھا اور میں نے کہا ''میں اب چلتا ہوں۔ میری امّی انتظار کر رہی ہوں گی۔'' ٹِین کے ڈِبّے نے کہا مجھے کوڑے کے ڈِبّے میں ڈالنا نہ بھُولنا۔

کُوڑے کا ڈِبّہ

کُوڑے کا ٹرک

کُوڑا

بینچ

بازار

ٹِین کا ڈِبّہ

سوالات

۱۔ ٹین کے ڈبّے کو کوڑے کے ڈِبّے میں کیوں ڈالنا چاہیے؟

۲۔ ٹین کا ڈِبّہ دوبارہ کس طرح استعمال ہوتا ہے؟

۳۔ کون کون سی اور چیزیں ہیں جو دوبارہ استعمال ہو سکتی ہیں؟

۴۔ آپ کے گھر کا کُوڑا کہاں جاتا ہے؟

قواعد: فعل

کھیل رہا تھا۔ جا رہا تھا۔ دِل گھبرا رہا تھا۔

ؔنیلم، ؔپنکی اور سونی

ایک دریا میں تین مچھلیاں رہتی تھیں۔ ایک کا نام ؔنیلم' دوسری کا نام تھا ؔپنکی اور تیسری کا نام تھا سونی۔

ؔنیلم ؔنیلے رنگ کی تھی۔ ؔپنکی گلابی رنگ کی اور سونی سُنہرے رنگ کی تھی۔ یہ تینوں مچھلیاں بہت خوبصورت تھیں اور دریا کے شفّاف پانی میں ان کا رنگ خوب چمکتا تھا۔

دریا کے کنارے ایک چھوٹا سا گھر تھا۔ اس گھر میں جاوید اپنے امّی اور ابّو کے ساتھ رہتا تھا اور تینوں مچھلیاں جاوید کی بڑی دوست تھیں۔ جاوید روز دریا پر جاتا اور مچھلیوں کو آواز دیتا۔ "ؔنیلم، ؔپنکی، سونی آؤ۔ کھانا کھالو۔" تینوں

مچھلیاں تیزی سے اُوپر آجاتیں اور جاوید کو دیکھ کر بہت خوش ہوتیں ۔ جاوید انہیں کھانا کھلاتا اور ان سے دیر تک باتیں کرتا۔

ایک دن جب جاوید مچھلیوں کو کھانا کھلانے گیا تو اس کو نیلم ، پنکی اور سونی کچھ سُست نظر آئیں اور اُنہوں نے کھانا بھی ٹھیک سے نہیں کھایا۔ جاوید یہ دیکھ کر بہت پریشان ہوا اور بھاگم بھاگ گھر پہنچ کر ابّا سے کہا۔ ''ابّو آج میں نیلم ، پنکی اور سونی کو کھانا کھلانے گیا تو وہ مجھے کچھ سُست نظر آئیں اور انہوں نے کھانا بھی ٹھیک طرح سے نہیں کھایا۔''

ابّو بولے۔ ''شاید یہ مچھلیاں کسی وجہ سے بیمار ہیں۔ چلو ایک بڑا سا پیالہ لے چلیں اور مچھلیوں کو پکڑ کر اس میں رکھیں اور ڈاکٹر خان صاحب سے پوچھیں کہ ان مچھلیوں کو کیا تکلیف ہے۔''

ڈاکٹر خان صاحب جانوروں کے ڈاکٹر تھے۔ جب انہوں نے نیلم ، پنکی اور سونی کو دیکھا تو بولے۔ ''معلوم ہوتا ہے کہ دریا کا پانی گندہ ہو گیا ہے جس کی وجہ سے مچھلیاں بیمار ہو گئی ہیں۔ یہاں سے کچھ دور ایک نیا کارخانہ بنا ہے شاید وہ لوگ کوڑا دریا میں ڈال رہے ہیں۔''

جاوید کو یہ سُن کر بہت افسوس ہوا ۔ وہ ڈاکٹر کے کلینک سے گھر آتے ہوئے سارے راستے سوچتا رہا کہ دریا کا پانی کیسے صاف کیا جائے تاکہ نیلم ، پنکی اور سونی اس میں رہ سکیں۔ سوچتے سوچتے اس کو ایک ترکیب سُوجھی۔ گھر آتے ہی وہ جلدی سے اپنے کمرے میں گیا اور کاغذ قلم نکال کر ایک خط لکھنے لگا۔ یہ خط کارخانے کے مینجر (manager) کے نام تھا۔ اُس نے لکھا۔

جناب منیجر صاحب!
السّلام علیکم

دریا کا پانی گندہ ہوتا جارہا ہے جس کی وجہ سے یہ مچھلیاں بیمار ہوگئی ہیں۔ کیا آپ اس دریا کا پانی صاف کرواسکتے ہیں؟ شُکریہ۔

آپ کا

جاوید

سوالات

۱۔ مچھلیاں کیوں سُست پڑگئی تھیں؟

۲۔ جاوید نے پانی کی صفائی کے لئے کیا کیا؟

۳۔ ہمارا پینے کا پانی کہاں سے آتا ہے؟

۴۔ ہمیں صحت مند رہنے کے لئے کِن چیزوں کی ضرورت ہوتی ہے؟

قواعد: فعل ماضی

کیا۔ لکھا۔ گیا۔ سوچا۔ بھاگا۔

پیالہ

خط

ڈاکٹر

دریا

مچھلیاں

مچھلی

کارخانہ

گندہ